I0159761

Pedro Calderón de la Barca

El divino cazador

Barcelona **2024**
Linkgua-ediciones.com

Créditos

Título original: El divino cazador.

© 2024, Red ediciones S.L.

e-mail: info@Linkgua-ediciones.com

Diseño de cubierta: Michel Mallard.

ISBN rústica: 978-84-96428-34-8.
ISBN ebook: 978-84-9953-090-1.

Cualquier forma de reproducción, distribución, comunicación pública o transformación de esta obra solo puede ser realizada con la autorización de sus titulares, salvo excepción prevista por la ley. Diríjase a CEDRO (Centro Español de Derechos Reprográficos, www.cedro.org) si necesita fotocopiar, escanear o hacer copias digitales de algún fragmento de esta obra.

Sumario

Brevísima presentación

La vida

Pedro Calderón de la Barca (Madrid, 1600-Madrid, 1681). España.

Su padre era noble y escribano en el consejo de hacienda del rey. Se educó en el colegio imperial de los jesuitas y más tarde entró en las universidades de Alcalá y Salamanca, aunque no se sabe si llegó a graduarse.

Tuvo una juventud turbulenta. Incluso se le acusa de la muerte de algunos de sus enemigos. En 1621 se negó a ser sacerdote, y poco después, en 1623, empezó a escribir y estrenar obras de teatro. Escribió más de ciento veinte, otra docena larga en colaboración y alrededor de setenta autos sacramentales. Sus primeros estrenos fueron en corrales.

Lope de Vega elogió sus obras, pero en 1629 dejaron de ser amigos tras un extraño incidente: un hermano de Calderón fue agredido y, éste al perseguir al atacante, entró en un convento donde vivía como monja la hija de Lope. Nadie sabe qué pasó.

Entre 1635 y 1637, Calderón de la Barca fue nombrado caballero de la Orden de Santiago. Por entonces publicó veinticuatro comedias en dos volúmenes y La vida es sueño (1636), su obra más célebre. En la década siguiente vivió en Cataluña y, entre 1640 y 1642, combatió con las tropas castellanas. Sin embargo, su salud se quebrantó y abandonó la vida militar. Entre 1647 y 1649 la muerte de la reina y después la del príncipe heredero provocaron el cierre de los teatros, por lo que Calderón tuvo que limitarse a escribir autos sacramentales.

Calderón murió mientras trabajaba en una comedia dedicada a la reina María Luisa, mujer de Carlos II el Hechizado. Su hermanó José, hombre pendenciero, fue uno de sus editores más fieles.

Personajes

El género humano
La tierra
El mar
El fuego
El viento
La culpa
El rey
El príncipe
El albedrío

Acto único

(Sale el género humano con barba larga vestido de labrador.)

Género humano	Verde apacible esfera
	hermosa patria de la primabera
	que llena de colores
	humano cielo de diuinas flores
	tan viçarra te ostentas que con ellas
	no tienes que embidiar a las estrellas
	pues en su monarquia
	si vnas brillan de noche otras de día
	tu que partida en barios oriçontes
	sufres la pesadumbre delos montes.
	delos mares los troncos y los frutos
	y alcaçar delos hombres y los brutos
	todo su centro natural te aclama
	fertil prouida tierra (tierra) quien me llama
	Jenero humano. que aguardes hasta luego
(Sale el aire.)	con plumas en el sombrero
	queamis voces tambien concurra el fuego
	Lebe rejion suprema
	que aqui nos vivifica allanos quema
	dandonos ya fabores ya desmayos
	avn tiempo tus reflejos y tus rayos
	en quien templado o rriguroso andas
	de Dios vltima yra (fuego) que me mandas
	Por significar con esto
	que es mi ser en todo ser
	caduco y perecedero
	Ya saveis que dela nada
	racional mundo pequeño
	a quien responden en quatro
	humores quatro elementos

me formo y que su virrey
me apellido pues que tengo
a mi cargo las especies
de quanto vibe supuesto
queala obediciencia del hombre
quanto nacio nacio atento
dandome todas las cosas
ley vasallaje y ymperio
La tierra en su tierna ynfancia
me rindio sinel desvelo
de sobornarla el sudor
de fatigarla el tormento
todos sus frutos tanmios
que saçonados y tiernos
cojerlos nome costaba
mas afanes que cojerlos
sus mas simples animales
sus animales mas fieros
Domesticamente humildes
me lisonjeaban teniendo
al arbitrio demi voz.
ynferior conocimiento
el ayre en suabes auras
siempre me alagaba siendo
a todas oras fabonio
a ningunas oras cierço
dulcemente me seruia
aquel suavisimo açento
cuerda conque concertado
andaba siempre acadentro
del relox. del coraçon
el volante del aliento
el mar en secretas venas
que penetraban el centro

dela tierra jeneroso
se desangraba coriendo
fuentes que arroyos formaron
arroyos que rios se hicieron
paraque yo diuirtiese
la vista y la sed avn tienpo
el fuego me yluminaba
consus templados reflejos.
dando al natural calor
vigores y no ardimientos.
Enesta tranquila paz.
ovedientes ysu jetos.
os vi. y devn ynstante aotro.
alterados y soberbios
os vi tanbien retirando
aquel tributo primero
quecomo a gobernador
del rey que me deveis que es esto
que es esto nobles vasallos
Si le quebrante vn precepto
que alla enmi patria me ynpuso
(o cada vez queme aquerdo
conque terneza lo lloro
y que conque dolor lo siento)
ya pedi perdon al rey
y avnque no me ensoberbezco
de parte de mi ygnorancia
en pensar que le merezco
de parte de su piedad.
tan por seguro le tengo
que fuera no ser su ser
tan diuino y tan perfeto
si faltara su perdon
parami arrepentimiento.

pues porque sien confiança
suya vibo y suya reyno.
todos quatro me negais
aquel prometido feudo.
enqueme reconocistis
debajo del juramento
y omenaje que ensu nombre
hasta este ynstante conserbo
que quenta le dare al rey
deste entregado govierno
aves fieras peces frutos
si al pedirme quenta de ellos
losque me dio tan leales
tan traydores selos buelbo.
La tierra lo diga pues
tan otro es su espacio ameno
que sus flores son espinas
y sus frutos son venenos
todos sus brutos me asombran
mirando contra mi pecho
afilar dientes y garras
cada vez quelos enquentro
digalo el ayre tambien
pues el esquadron lijero
de sus pajaros me huye
y en terremotos violentos
alterado me estremece
quando asus embates fieros
los edificios mas graues
y los montes mas soberuios
en sus asientos caducan
deliran ensus asientos
con tormentas me amenaza
el mar cada vez que buelbo

a ver que monte de espumas
se eleba sobre si mesmo.
temiendo el día enque aya
de derramarse cubriendo
la faz dela tierra y dando
asus montes monumentos
que sepulten el elado
cadaver del vniberso
con rayos me atemoriça
toda la rejion del fuego
tan traydoramente que
despues de hacer el yncendio
por ceremonia no mas
me avisa la voz del trueno
pues siendo asi que yo como
e dicho ami cargo tengo
esta republica no aya
enella lebantamientos
tan publicos que el castigo
del gran monarca yritemos
de suerte quenos confunda
o ya con rayos de yelo
o ya con ynundaciones
de llamas que entrambos pienso
que amenaçan ygualmente
al orbe como primero
y segundo fin aqueel
sentenciado esta y espuesto
buelva buelva ami ovediencia
el gran vasallaje vuestro
bolbamos a ser amigos
el hombre y los elementos.
y no me negues tributos
que por natural derecho

me deveis como a virrey
del gran monarcha supremo
en cuya ovediencia vibo
y en cuyo nombre govierno.
Tierra. Yo que la primera fuy
que a tu voz concurrio, quiero
satisfacer de mi parte
a los cargos que me as hecho
diciendote las raçones
que para negarte tengo
el tributo de mis troncos

Fin

Libros a la carta

A la carta es un servicio especializado para

empresas,

librerías,

bibliotecas,

editoriales

y centros de enseñanza;

y permite confeccionar libros que, por su formato y concepción, sirven a los propósitos más específicos de estas instituciones.

Las empresas nos encargan ediciones personalizadas para marketing editorial o para regalos institucionales. Y los interesados solicitan, a título personal, ediciones antiguas, o no disponibles en el mercado; y las acompañan con notas y comentarios críticos.

Las ediciones tienen como apoyo un libro de estilo con todo tipo de referencias sobre los criterios de tratamiento tipográfico aplicados a nuestros libros que puede ser consultado en Linkgua-ediciones.com .

Linkgua edita por encargo diferentes versiones de una misma obra con distintos tratamientos ortotipográficos (actualizaciones de carácter divulgativo de un clásico, o versiones estrictamente fieles a la edición original de referencia).

Este servicio de ediciones a la carta le permitirá, si usted se dedica a la enseñanza, tener una forma de hacer pública su interpretación de un texto y, sobre una versión digitalizada «base», usted podrá introducir interpretaciones del texto fuente. Es un tópico que los profesores denuncien en clase los desmanes de una edición, o vayan comentando errores de interpretación de un texto y esta es una solución útil a esa necesidad del mundo académico.

Asimismo publicamos de manera sistemática, en un mismo catálogo, tesis doctorales y actas de congresos académicos, que son distribuidas a través de nuestra Web.

El servicio de «libros a la carta» funciona de dos formas.

1. Tenemos un fondo de libros digitalizados que usted puede personalizar en tiradas de al menos cinco ejemplares. Estas personalizaciones pueden ser de todo tipo: añadir notas de clase para uso de un grupo de estudiantes,

introducir logos corporativos para uso con fines de marketing empresarial, etc. etc.

2. Buscamos libros descatalogados de otras editoriales y los reeditamos en tiradas cortas a petición de un cliente.

www.ingramcontent.com/pod-product-compliance
Lightning Source LLC
Chambersburg PA
CBHW020451030426
42337CB00014B/1500